OBSERVATIONS

TENDANT A LA SUPPRESSION DU

DROIT DES INDIGENTS

SUR LES SPECTACLES

(1867)

SUIVIES DE

COURTE RÉPONSE

A

M. HUSSON

Directeur général de l'Assistance publique, à Paris,

(1869)

PAR LES DIRECTEURS DES THÉATRES DE PARIS

OBSERVATIONS

TENDANT A LA SUPPRESSION DU

DROIT DES INDIGENTS

SUR LES SPECTACLES

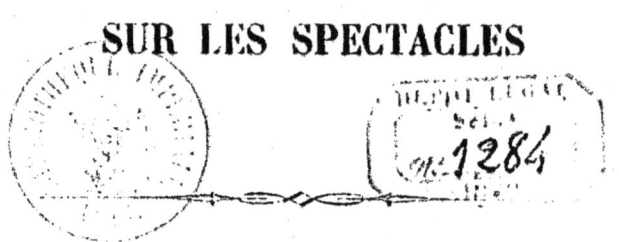

§ I

Quelle est l'origine de cette perception?

On la trouve clairement définie dans l'exposé des motifs de l'ordonnance royale du 25 février 1699.

« Sa Majesté (Louis XIV) voulant, autant qu'il est possible, contribuer
» au soulagement des pauvres dont l'hôpital général est chargé, et ayant,
» pour cet effet, employé jusqu'à présent tous les moyens que sa charité
» lui a suggérés, elle a cru devoir encore leur donner quelque part aux
» *profits considérables* qui reviennent des opéras de musique et des comé-
» dies qui se jouent à Paris par sa permission; c'est pourquoi Sa Majesté
» a ordonné et ordonne :

» Qu'il soit perçu au profit de l'hôpital général, pour être employé à la

» subsistance des pauvres, un sixième en sus des sommes qu'on reçoit et
» qu'on recevra à l'avenir pour l'entrée aux opéras et aux comédies. »

Ainsi le Roi veut que le plaisir du riche contribue au soulagement du pauvre, et il fixe le taux de la redevance à *un sixième de la recette*.

Si, au moment où il créa cette perception, les deux ou trois seuls théâtres existant alors dans Paris, l'opéra et la comédie eussent été dans la détresse, Louis XIV n'aurait pas songé à ajouter un sixième à leurs pertes quotidiennes.

Aussi ne parle-t-il que de *profits considérables*; c'est-à-dire qu'à ses yeux, le gain provenant de la recette, l'excédant du revenu sur le montant de la dépense seront seuls l'objet de la perception de cette part dans les profits considérables réalisés par les deux théâtres d'opéra et de comédie qui jouent à Paris avec sa permission.

Telle a été la pensée de Louis XIV.

Pour asseoir équitablement un impôt quelconque, pour lui donner une base solide et vraie, il faut, en effet, préalablement se rendre compte de la position des contribuables; il faut faire la part du temps et des circonstances; autrement, on frappe en aveugle; mais les hospices frappent le *passif* comme *l'actif*.

Que deviennent alors les profits considérables dont parle l'ordonnance de Louis XIV ?

Ce qui précède est relatif au principe de la redevance.

Voici maintenant ce qui regarde sa quotité :

En 1699, le 25 février, Louis XIV l'a fixée au sixième de la recette.

En 1713, le 30 janvier, la perception du sixième est étendue, par une autre ordonnance, aux spectacles populaires des foires Saint-Germain et Saint-Laurent.

En 1718, le 5 février, une ordonnance du Régent prescrit encore la perception d'un neuvième, distinct du sixième de la première perception, en faveur de l'Hôtel-Dieu.

De 1744 à 1760, on fixe la redevance au quart.

En 1760, lacune dans la perception.

En 1791, suppression de l'impôt.

A la date du 11 nivôse an IV (1er janvier 1796), nous trouvons un arrêté qui dit :

« Art 1er. — Tous les entrepreneurs ou sociétaires de tous les théâtres de Paris et des départements sont *invités* à donner *tous les mois*, et à dater de cette époque, une représentation au profit des pauvres, dont le produit, déduction faite des frais journaliers et de la part de l'auteur, sera versé dans les caisses désignées.

» Art. 3. — Les entrepreneurs ou sociétaires seront autorisés, ces mêmes jours, à *tiercer* le prix des places, et à recevoir les rétributions volontaires de tous ceux qui désireraient concourir à cette bonne œuvre. »

Mais, onze mois plus tard, c'est-à-dire le 7 frimaire an V (27 novembre 1796), cet arrêté qui *invite* les directeurs à donner *tous les mois* une représentation au profit des pauvres, et les autorise à *tiercer*, ces jours-là, le prix des places, est remplacé par une loi qui dispose :

Art. 1er. — Il sera perçu un décime par franc (2 sols par livre) en sus du prix de chaque billet d'entrée pendant six mois, dans tous les spectacles où se donnent des pièces de théâtre, des bals, des feux d'artifice, des concerts, des courses et exercices de chevaux, pour lesquels les spectateurs payent.

Cet impôt du dixième en sus, qui n'avait été établi que pour six mois, fut successivement prorogé par les lois du :

  2 floréal an V ;

  2 frimaire an VI ;

  19 fructidor an VI ;

  6e jour complémentaire, an VII ;

  7 fructidor an VIII ;

  9 fructidor an IX ;

  18 thermidor an X.

Et par les décrets du :

  30 thermidor an XII ;

  18 fructidor an XIII ;

  21 août 1806 ;

  24 novembre 1808.

Il fut établi d'une manière permanente et prorogé indéfiniment par le décret impérial du 29 décembre 1809.

Mais veut-on savoir quels motifs dictèrent ce décret ?

C'est que sur quarante théâtres qui existaient alors, trente-deux furent supprimés d'un seul coup (juillet 1807).

Sur les huit restants, quatre furent largement subventionnés ; pour les autres, une vaste concurrence se trouvait subitement anéantie. C'était l'équivalent d'une grosse subvention.

Par conséquent, les huit directeurs maintenus avaient une somme de bénéfices assurée, et sur ces bénéfices l'Empereur crut pouvoir en allouer le onzième aux hospices.

La Restauration et le gouvernement de Juillet élevèrent successivement le nombre des théâtres de *huit* à *vingt-quatre.*

Par suite de cette augmentation de théâtres, le droit des pauvres aurait dû être diminué.

Il fut maintenu *in extenso*, et cet impôt venant aggraver les frais toujours croissants des entreprises théâtrales, on vit de nombreuses faillites enregistrées au tribunal de commerce, depuis le commencement de la Restauration jusqu'à la révolution de Février.

Cette situation critique des entreprises théâtrales avait alarmé l'autorité.

En 1845, le 2 août, le Ministre de l'Intérieur commet deux inspecteurs généraux pour examiner la situation des théâtres.

MM. de Vatteville et de Lurieu, chargés de ce soin, déclarèrent expressément que le droit des pauvres, tel que les hospices l'exigeaient, excédait les justes limites qui rendent un impôt durable; ils établirent que l'impôt ne pouvait être raisonnablement perçu que sur les *bénéfices*, et qu'une réduction capitale de cette taxe était le seul moyen de la conserver.

La déclaration des agents supérieurs de l'autorité était vraie, et la solution proposée était au moins équitable. On ne fit rien; on n'eut le temps de rien faire.

Les choses étaient encore dans le même état quand éclata la révolution de Février 1848.

Le 28 février, un des premiers actes du Ministre de l'Intérieur, qui avait alors les théâtres dans ses attributions, fut de décider qu'à l'avenir l'impôt ne serait plus perçu que sur les bénéfices. Mais l'administration de l'Assistance publique, effrayée de cette décision, s'empressa de la faire révoquer, en proposant de réduire temporairement à *un pour cent* ce droit dont elle ne tarda pas à réclamer l'intégralité.

Le 31 octobre 1848, la Commission des théâtres, instituée par le Gouvernement, s'occupant spécialement de cette question, qualifia sévèrement, dans un rapport énergique, les prétentions des hospices, et proposa d'accepter le chiffre invariable de *cinq pour cent*.

Le 9 janvier 1849, le ministère de l'intérieur adressa au Président de la section de législation du Conseil d'État, chargée de la rédaction d'un projet de loi sur les théâtres, un article additionnel ainsi conçu :

« M. le Président, j'ai l'honneur d'appeler votre attention sur une dispo-
» sition additionnelle qu'il serait peut-être utile d'insérer dans le projet
» de loi dont le conseil d'État est saisi relativement aux théâtres.

» Détachée jusqu'ici de la loi générale sur les théâtres, cette disposition
» a été insérée, depuis 1817, dans les lois de finances ou budgets. Elle se
» lie, cependant, d'une manière essentielle aux dispositions générales du
» projet de loi sur les théâtres, que le Conseil d'État étudie en ce mo-
» ment.

» Veuillez, je vous en prie, l'examiner et demander à la section de légis-
» lation son avis sur les modifications qu'on pourrait apporter dans la
» perception d'un impôt fondé sur une loi dont j'ai dû ordonner l'applica-
» tion, mais contre laquelle s'élève depuis longtemps une réclamation
» générale.

» Dans le cas même où le Conseil d'État penserait qu'il n'est pas poss
» ble de distraire cette disposition des lois des finances, où elle a figuré ju
» qu'à présent, son avis pourrait toujours éclairer la question au point d
» vue du principe même de l'impôt, et me permettrait de solliciter de l'A
» semblée nationale, au moment de la discussion du budget, une diminu
» tion demandée avec instance par les Directeurs des théâtres d
» Paris. »

L'article additionnel au projet de loi sur les théâtres portait :

« La perception faite conformément aux lois existantes sur les billet
» d'entrée dans les théâtres sera à l'avenir de *cinq pour cent* sur la recett
» brute des billets pris aux bureaux. »

Les préoccupations politiques, la nécessité de conserver, au moins tem
porairement, toutes les dispositions fiscales existantes, ne permirent pas d
réaliser ces projets de réforme.

Le décret de l'an V, c'est-à-dire le principe du décime par franc, régis
sait donc les théâtres le 5 janvier 1864, et le nouveau décret impérial, qui
ce jour-là, proclamait la liberté des théâtres, maintenait l'impôt dans tout
sa rigueur.

§ II

On a pu se convaincre, par la lecture de l'historique précédent, que la quotité de la taxe des pauvres a subi bien des intermittences, bien des modifications.

Tantôt l'importance des bénéfices recueillis a permis d'en augmenter le chiffre.

Tantôt la difficulté des temps et les embarras des entrepreneurs des théâtres ont mis dans la nécessité de l'abaisser.

On est donc forcé de reconnaître que, même sous le régime du privilége, le taux de la redevance n'était pas immuable, et que son abaissement et son élévation ont dépendu, tour à tour, de la bonne ou mauvaise fortune des entreprises théâtrales.

Enfin, en ce moment encore, cet impôt est flottant. A Paris, il est des établissements où l'administration des hospices consent des abonnements au-dessous du taux légal.

En province, certains conseils municipaux vont, avec la sanction des préfets, jusqu'à affranchir leurs théâtres de tout impôt au profit des pauvres.

Si la haute administration a le droit d'agir ainsi, l'impôt n'est donc plus une *disposition* absolue, comme le veut la loi sur les contributions directes.

Cet impôt a donc deux poids et deux mesures.

Discutable à toutes les époques, il devient absolument inadmissible sous le régime de la liberté de l'industrie théâtrale.

En effet, pourquoi, sous ce régime surtout, méconnaître, au détriment des Directeurs de théâtre, le principe du droit public, inauguré en 1789 et rappelé en 1852 par Napoléon III?

« *Les Français sont égaux devant la loi, et c'est également qu'ils contribuent*
» *indistinctement, entre eux tous, aux charges publiques.* »

Or, quoi de plus inégal que l'impôt des pauvres qui frappe exceptionnellement les Directeurs de théâtre?

Sont-ils exemptés pour cela de payer la patente, le personnel, les portes et fenêtres, etc.?

Sont-ils moins soumis que les autres négociants ou industriels à la juridiction commerciale; moins susceptibles de la faillite?

Quelle distinction y a-t-il à faire, au point de vue de l'impôt, entre un théâtre, établissement de plaisir et de luxe, et tout autre établissement ou magasin de luxe ou de loisir : un magasin de nouveautés, de bijouterie, de cachemires, de fleurs, de dentelles, etc.; un restaurant, une brasserie, un café, etc.? L'entrepreneur de théâtre ne devrait, comme tous les autres, payer ses contributions qu'en proportion de ses loyers; n'étant plus qu'un industriel comme un autre, il ne doit pas être atteint d'un impôt qui n'atteint pas toute l'industrie.

Le droit des pauvres, imposé aux théâtres, n'a jamais été que la compensation du privilége. C'était un sacrifice d'argent, fait par le privilégié, en reconnaissance du monopole dont il jouissait. Le privilége a disparu, l'impôt doit disparaître : *sublatâ causâ, tollitur effectus*.

Cet impôt des pauvres, infligé aux seuls Directeurs de théâtre, a si peu de raison d'être aujourd'hui, que, s'il n'existait pas et qu'on voulût l'établir, on n'imagine pas comment on pourrait le motiver.

Qu'on demande à tout citoyen un sacrifice en faveur de ceux qui souffrent, rien de mieux ; mais demander à ceux-ci plutôt qu'à ceux-là, pourquoi? Demandez à tout le monde ou à personne.

On fait sonner bien haut que certains théâtres de Paris réalisent d'énormes recettes.

En effet, l'augmentation continuelle de la population locale, l'immigration incessante des provinciaux et des étrangers, tout contribue à amener un surcroît important de produits dans les théâtres.

On ne peut nier que le niveau des recettes théâtrales de Paris ne se soit, en effet, notablement élevé ; mais, en même temps, les frais ont augmenté dans une proportion plus qu'équivalente ; la cherté des loyers et des salaires, la nécessité d'ajouter sans cesse au luxe de la mise en scène dans une cité devenue elle-même de jour en jour plus fastueuse, tout concourt à l'aggravation des frais.

Dépenser beaucoup, c'est la condition d'existence des théâtres d'aujourd'hui : les auteurs, les artistes ne subissent plus la loi, ils la font ; les services, même subalternes, reçoivent des traitements élevés : c'est une conséquence naturelle des charges de la vie parisienne, charges aujourd'hui poussées à l'excès.

N'oublions pas l'impôt du timbre, dont les dispositions nouvelles augmentent de cinq mille francs par année les frais d'affichage de chaque théâtre.

Et c'est à ces charges écrasantes que vient s'ajouter encore l'impôt du onzième de la recette en faveur des hospices.

On peut avancer que la déconfiture d'un théâtre n'a que trop pour cause cette charge du droit des hospices.

Qu'on demande aux syndics des diverses faillites théâtrales, et notamment à l'honorable M. Lefrançois, qui en fut souvent chargé par le Tribunal de commerce, si, dans la confection du bilan ou dans le rapport qui doit faire connaître au parquet les causes probables de ces catastrophes, on n'apercevait pas immédiatement ce terrible droit des pauvres qui tarit toute ressource, étant prélevé chaque soir sans trêve ni répit.

Ainsi, voilà des Directeurs qui peuvent démontrer, *leurs livres de commerce en mains, que le prélèvement du onzième de la recette brute au profit des pauvres correspond exactement au chiffre de leur passif, que c'est donc uniquement la taxe des hospices qui a motivé la mise en faillite de ces Directeurs!* Voilà des gens ruinés pour avoir fait... quoi ? — Trop de bien aux pauvres !...

Une autre objection est adressée aux Théâtres pour repousser leur réclamation d'être replacés dans le droit commun :

On leur dit : Ce n'est pas le Directeur qui contribue aux droits des indigents, c'est le spectateur payant qui supporte un supplément du prix sa place au profit des pauvres.

Si le public, à son tour, pouvait prendre la parole, n'aurait-il pas le droit de répondre :

« — Puisque l'on me fait intervenir, c'est en mon nom que je demande
» l'exonération de l'aumône que l'on m'impose. S'il est démontré que le
» Directeur a besoin de toute sa recette actuelle, y compris la part que
» vous entendez prélever sur moi pour les pauvres, vous conduisez le Directeur à augmenter le prix de ses places, et alors, vous me faites su

» une surtaxe arbitraire; ou bien, si votre surtaxe m'éloigne du théâtre,
» vous appauvrissez le Directeur, et vous me privez d'un plaisir qui excède
» mes prix. »

Que répondre au public s'il parlait ainsi ? Que répondre s'il demandait de quel droit, sous le régime de la Liberté des Théâtres, on persiste à imposer son plaisir ?

La recette que fait un théâtre est réellement et exclusivement son bien, sa chose : la taxe des hospices ne s'y exerce plus qu'en parasite.

En effet, la recette d'un théâtre n'est pas divisée : elle est *une*. Depuis longtemps déjà, le prix des places ne représente plus deux ordres d'idées, le droit des pauvres et le droit de l'exploitation théâtrale.

Ce prix est devenu l'expression absolue de la valeur de l'objet vendu, c'est-à-dire du billet de théâtre ; en un mot, c'est la rémunération réelle et sans division des efforts de l'industrie théâtrale.

Et cela est tellement vrai que si la taxe des pauvres venait à disparaître, le public ne se préoccuperait pas un seul moment d'un dégrèvement pour son propre compte. La recette tout entière resterait au théâtre, et l'on serait bien forcé de conclure que l'aumône, en matière de théâtre, était réellement faite par l'industrie théâtrale et non par le public.

Enfin, l'impôt des hospices leur attribue, sur les recettes théâtrales, des prélèvements élevés et certains, alors même que les théâtres sont en perte, ce qui est contraire aux principes les plus élémentaires de l'équité.

Examinons ce qui se pratique dans les pays voisins :

En Espagne, les chemins de fer souffraient depuis longtemps du marasme d'une crise financière, minant leurs entreprises et leur ôtant tout profit et tout lucre.

Qu'a fait le gouvernement espagnol ?

Il a supprimé le droit du dixième imposé sur les prix des places des voyageurs, afin que ce dixième que payait le public en *supplément* profitât aux compagnies.

La Belgique, en supprimant le droit des pauvres sur les théâtres, n'a eu d'autre intention que de venir en aide à une industrie si utile aux arts, à l'esprit, et le gouvernement belge a laissé ce *supplément* aux Directeurs.

D'ailleurs, que veut dire *supplément* quand il n'y a plus de tarif obligatoire ?

Les arguments que nous empruntons à l'état actuel de liberté de l'industrie théâtrale sembleraient exclure les théâtres subventionnés du bénéfice de nos conclusions.

Nous ne sommes point les avocats des théâtres subventionnés, mais nous pensons qu'ils doivent être exonérés de la taxe des pauvres pour les raisons particulières que voici :

L'État dit à ses théâtres impériaux :

« Je sais qu'avec vos seules ressources vous ne pourriez pas remplir les
» obligations que je vous impose : engager des artistes de premier ordre,
» jouer dignement les chefs-d'œuvre du répertoire ancien, conserver la
» tradition classique, accueillir et encourager les nouveaux talents qui se
» produiraient. Je me rends compte exactement du déficit qui résulterait
» pour vous de ces charges extraordinaires à la fin de chaque année, et je
» viens combler le déficit par une subvention que je vous accorde ; en un
» mot, si je vous donne un subside, c'est qu'il m'est prouvé qu'il vous est
» indispensable ; si je fixe le chiffre invariable de ce subside, c'est que je
» suis convaincu que, quoi que vous fassiez, vous ne pouvez pas vous en

« passer. Eh bien ! d'un autre côté, je vous donne votre subvention, et, de
» l'autre, je vous en reprends la plus grande partie pour les hospices. »

À cela les théâtres impériaux n'auraient-ils pas le droit de répondre:

« Que ne subventionne-t-on directement les hôpitaux ? »

Venons maintenant à cette autre considération qu'on ne manque jamais d'opposer comme une objection capitale et irrésistible :

« Cet impôt donne à Paris environ 1,800,000 francs par an aux hospices, et il doit, en 1867, en vue de l'Exposition universelle, dépasser deux millions !... (Tel a dû être, en effet, pour l'assistance publique, le résultat de cette Exposition, qui, par contre, a donné, pour les théâtres, dix ou douze faillites.

» Or, ajoute-t-on, trouvez-nous un moyen de remplacer cette contribution charitable; indiquez-nous une autre ressource pour ne pas diminuer le budget de la bienfaisance publique, et lui ôter cette énorme somme versée, tous les ans, dans les caisses de la Régie du droit des pauvres ! »

Voici notre réponse :

« Ou bien le droit est fondé et nous devons nous y soumettre comme par le passé; ou bien ce droit est injuste, et c'est à l'autorité elle-même qu'il incombe de chercher à remplacer cette perception par d'autres voies et moyens à sa disposition. »

Et, par exemple, qu'il nous soit permis de demander respectueusement si l'Administration des hospices, qui reste propriétaire d'un si grand nombre d'immeubles dont le revenu est tout à fait infime entre ses mains, ne pourrait pas s'en défaire et en retirer un capital, qui, mis en valeur dans les caisses de l'État, donnerait, nous le croyons, des revenus infiniment supérieurs au produit de la taxe sur les théâtres.

CONCLUSION.

L'exonération de la taxe des pauvres est devenue de toute nécessité pour les théâtres.

C'est leur droit comme conséquence de la liberté accordée à leur industrie.

C'est la loi impérieuse de leur salut en dehors même de tout droit.

Enfin, cette exonération serait incontestablement un moyen de régénérer l'art dramatique.

On reproche à certains directeurs de théâtre non subventionnés de n'admettre, le plus souvent, que des pièces à spectacle, destinées plutôt à la satisfaction des yeux qu'à celle de l'esprit, négligeant ainsi la saine littérature et la vraie comédie de mœurs.

Les Directeurs répondent :

« Délivrez-nous de l'impôt écrasant du droit des pauvres, et alors nous
» serons moins préoccupés que nous ne le sommes en ce moment de faire
» des recettes à tout prix pour équilibrer nos frais.

» Nous avons moins souvent recours au genre dispendieux, mais forcé
» comme recette, des spectacles de curiosité.

» Nous ferons plus large place à la littérature sobre, sévère, solide, si elle
» se présente; et si elle hésite, nous irons la provoquer et l'encourager.

» Que notre industrie, devenue libre, soit débarrassée des entraves fis-
» cales qu'elle subit encore, et nous serons heureux et fiers de concourir
» plus que jamais, dans la mesure de nos forces et de nos ressources, à

» l'élévation sans vaine prodigalité, et à l'éclat sans faux luxe et sans efforts
» désespérés de notre littérature dramatique. »

Telle est la réponse de nos collègues.

Nous ne pouvons qu'y adhérer, en suppliant humblement l'Autorité de nous prêter à tous aide et protection.

*Les Membres de la Commission
de la Société des Directeurs des théâtres de Paris,*

Lemoine-Montigny (Gymnase-Dramatique);
H. Cogniard (Théâtre des Variétés);
Harmant (Vaudeville);
Hostein (Châtelet);
Déjazet (Théâtre Déjazet).

Voilà quelle était la situation des théâtres, quelles étaient les doléances des Directeurs, quelques mois avant l'Exposition de 1867. Aujourd'hui, après deux ans passés, la situation n'a pas changé, les plaintes sont les mêmes. Seulement il convient d'ajouter que l'augmentation de rendement prévue pour l'impôt des pauvres en 1867 s'est en effet réalisée; les hospices ont reçu des théâtres, pendant cette année, à peu près DEUX MILLIONS. Mais le Tribunal de Commerce s'est vu forcé d'enregistrer, depuis dix-huit mois, environ douze déclarations de faillite !

COURTE RÉPONSE

A

M. HUSSON

Directeur général de l'Assistance publique, à Paris.

Les observations qu'on vient de lire avaient paru dans les premiers mois de 1867; l'administration générale de l'Assistance publique y répondit par une brochure intitulée :

OBSERVATIONS DE L'ADMINISTRATION GÉNÉRALE DE L'ASSISTANCE PUBLIQUE, en réponse au Mémoire présenté contre la perception du droit des pauvres sur les billets d'entrée dans les théâtres, spectacles, bals et concerts.

Les observations de l'Assistance publique ne brillent pas par l'aménité. On y trouve une aigreur que la requête des Directeurs ne justifie ni dans le fond ni dans la forme.

On les appelle des gens à arguments équivoques, dénaturant les questions, engageant dans les journaux une guerre d'escarmouches pour fatiguer l'Administration et lui arracher quelques concessions!...

Les Directeurs n'ont jamais rien fait de semblable.

Ils souffrent, ils demandent aide et protection. Quoi de plus naturel?

Des journalistes, des écrivains d'une grande notoriété ont fréquemment attaqué la redevance des hospices. Est-il besoin de déclarer qu'ils ont émis leurs opinions, sous leur responsabilité personnelle, et qu'ils auraient dédaigné de se faire les avocats de l'intérêt privé des Directeurs de théâtre?

Le Mémoire de l'Assistance publique pouvait éviter aussi de signaler les plaignants comme étant, pour la plupart, des *administrateurs inhabiles*, appliquant un *système déplorable au choix de leurs pièces*, et se laissant entraîner à des frais ruineux.

Voilà de dures leçons! L'administration de la charité publique est ici bien peu charitable! Mais laissons la forme et venons au fond.

Et d'abord glissons sur les parties épuisées de la discussion, à savoir l'historique de la redevance, son assiette et sa nature, la suppression des droits à l'étranger etc., etc.; attachons-nous aux points principaux, aux objections moins usées, et sur lesquelles tout n'a pas encore été dit.

Le Mémoire prétend :

1° Que la prospérité des théâtres est telle qu'il n'y a pas lieu de leur venir en aide;

2° Que le régime du privilége laisse des regrets aux intéressés, ce qui revient à insinuer qu'il faudrait, à tout événement, attribuer la crise théâtrale aux conséquences de la liberté;

3° Que le décret qui accorde la liberté théâtrale a entendu assimiler l'industrie des théâtres à celles de la boucherie, du sel, du sucre, dont le commerce est libre et qui pourtant sont soumises à des taxes indirectes;

4° Que l'Assistance publique a d'immenses besoins, et que l'on ne saurait sans danger lui enlever la moindre parcelle de ses revenus, parmi lesquels la redevance des théâtres de Paris figure annuellement pour près de deux millions.

1° *La prospérité des théâtres.* Il faut être bien optimiste ou bien aveuglé par des considérations d'intérêt personnel pour ne pas voir que l'industrie générale des théâtres est depuis assez longtemps en souffrance.

La crise a été un moment retardée par la vogue des théâtres pendant l'Exposition universelle de 1867. Mais une réaction formidable s'est opérée, notamment contre les théâtres à spectacle, à l'issue de l'Exposition, qui avait été elle-même un spectacle colossal.

A partir de cette époque, les désastres se sont accumulés; depuis peu les choses en sont même venues à ce point qu'un écrivain très-compétent n'a pas craint de déclarer publiquement : *Que le métier de Directeur est maintenant si difficile qu'on s'étonne qu'un homme sain de corps et d'esprit aille de gaieté de cœur s'installer dans un de ces nids à faillite qu'on nomme un théâtre.*

Cette boutade n'est malheureusement que l'expression de la vérité.

A quoi cela tient-il?

Aux mauvaises pièces, dit le Mémoire.

Le mémoire a bien tort, car jamais il ne s'est produit, sur tous les théâtres, tant et de si grands succès. Depuis quinze ans, nous ne voyons que des pièces jouées cent cinquante et deux cents fois de suite : comédie, drame, musique, pièces à spectacle, bouffonneries, opérettes, féeries, revues, pas un de ces genres qui ne se soit signalé, chaque année, par un succès plus que centenaire.

En musique, les reprises elles-mêmes, empruntées aux chefs-d'œuvre des anciens maîtres, ont réussi d'une façon plus éclatante peut-être qu'elles n'avaient fait au temps de leur nouveauté.

Il est donc incontestable que, si le théâtre a souffert, ce n'est pas faute d'avoir réussi à attirer le public. Il n'a donc pas été si maladroit dans le choix de ses pièces. Mais combien coûtent ces succès, voilà ce qu'on oublie ! On semble ignorer, ce que signalait déjà notre Mémoire de 1867, que le succès est devenu très-difficile… à payer surtout ! Que tout a renchéri au théâtre comme dans la vie matérielle ; que le luxe a passé du logement (car c'est là le point de départ) dans tous les détails de la vie ! que l'excès du prix est dans la satisfaction des besoins premiers, dans la toilette, dans les habitudes, dans les appointements, dans les salaires, partout ! qu'il en est de même au théâtre, où décors, costumes, éclairage, auteurs, acteurs, chanteurs, etc., tout se paye le double de ce qu'on le payait ; où les frais d'un théâtre qui étaient de 1,000 fr. par jour, sont aujourd'hui de 2,000 ; où les recettes cependant ne peuvent grandir que dans une certaine limite, les salles ne s'agrandissant pas, ce dont, au reste, il ne faut se plaindre que modérément, l'expérience paraissant devoir prouver qu'on doit peut-être craindre les salles trop grandes.

Équilibrer les recettes avec les dépenses, ne pas se laisser submerger par le flot toujours montant des frais, là est aujourd'hui la difficulté ; là est le secret de ce que les Directeurs ont le droit d'appeler la crise du Théâtre. Quant à ce qu'on nomme, trop cruellement, la déplorable administration de la plupart d'entre eux, ce n'est peut-être qu'une impuissance assez générale, au temps où nous vivons, de résister à l'entraînement qui pousse un peu tout le monde à faire grand, riche et fastueux. C'est sans doute une faute, mais est-elle absolument inexcusable ? Est-elle spéciale aux entrepreneurs de théâtres ?

Qu'à côté de cette cause capitale du malaise contre lequel ont à lutter les administrations théâtrales, il faille compter aussi pour quelque chose les conséquences de la liberté du théâtre, eh mon Dieu! qui voudra le nier? surtout si l'on n'en conclut pas que cette liberté soit chose mauvaise en soi. Oui, la liberté crée aujourd'hui entre les entreprises une concurrence redoutable; oui, cette concurrence, dangereuse pour tous, comme toute concurrence, est funeste à plusieurs; oui, si nous avons dit en 1867 que le décret de 1807, qui supprima 24 théâtres à Paris, fut un coup de fortune, une véritable subvention pour les huit survivants, nous avons dit par cela même que le décret qui a rétabli le droit de créer autant de théâtres qu'on voudrait, a créé en même temps, pour tous les théâtres en général, des conditions d'existence plus difficiles. Mais, cela dit, qu'on n'en tire pas cette conséquence que la liberté n'a rien que de mauvais pour les théâtres. Elle a tout ce qui nous la rend précieuse, en dépit de son unique inconvénient :

Elle a mis un terme à l'abus du privilége;

Elle a fait, des Directeurs, de vrais et loyaux commerçants ;

Elle leur a constitué une propriété réelle ;

Elle leur laisse, dans le malheur, l'espoir de se relever par le travail ;

Elle a doté les théâtres de la liberté des genres ;

Elle a fait du répertoire classique le patrimoine de tous ;

Elle a ouvert le champ à toutes les combinaisons de l'association et de la participation théâtrale ;

Enfin, elle autorise et encourage les essais et les progrès en tous genres.

D'où il faut conclure que, si, d'une part, elle n'est pas étrangère à la crise où se débattent les théâtres, si elle leur fait l'existence plus laborieuse, plus difficile, de l'autre elle leur met aux mains, pour combattre ces difficultés, des armes plus dignes d'eux. L'Empereur ne s'est pas trompé en pensant qu'ils préféreraient cette vie de labeurs, de dangers même, aux protections d'un régime arbitraire de privilége. Mais est-ce à dire que le législateur, une fois mises à nu les plaies de ces entreprises, ne voudra pas les prendre en pitié, et qu'après leur avoir fait don d'une liberté qui doit être féconde, il ne les affranchira pas de tout ce qui pourrait la rendre stérile? qui donc oserait l'affirmer?

3° *La taxe des hospices n'est pas incompatible avec la liberté théâtrale. — En outre, elle n'est pas payée par le directeur mais bien par le public.*

Nous arrivons au maître argument de l'assistance publique, à ce que l'on nomme l'*argument Dupin*.

« L'impôt ne pèse pas sur l'entrepreneur ni sur l'entreprise, il porte sur le » spectateur. Partout où celui-ci payera vingt sous pour aller au théâtre, il » ajoutera deux sous pour les hospices, etc., etc. »

Nous répondons que cette manière de raisonner était peut-être admissible sous le régime du privilége; qu'elle ne l'est plus avec une condition nouvelle de liberté.

Sous le régime du privilége, le prix des places du spectacle était fixé, réglementé par l'administration supérieure. C'est elle qui, par cette fixation, déterminait la part de l'impôt et celle de l'entrepreneur.

Sous le régime de la liberté théâtrale, l'entrepreneur est seul maître de fixer le tarif de ses places. Prenons-les au taux de vingt sous : l'impôt sera de deux sous. Mais si demain il plaît à l'entrepreneur de coter au prix de 20 francs les places qui la veille étaient à vingt sous, il dépendra de lui de faire varier l'impôt de deux sous à deux francs.

Par une opération inverse, s'il a la fantaisie d'abaisser subitement à 1 franc des places cotées au prix de 20 fr., il dépendra également de sa seule volonté de faire descendre l'impôt de deux francs à deux sous!

Est-il admissible qu'un particulier ait le droit de faire ainsi, à son gré, la hausse ou la baisse d'un impôt quelconque?

Ce raisonnement pourrait suffire pour triompher de l'argument Dupin. Mais nous avons encore une autre démonstration.

Il est complétement inexact de prétendre que, sous le régime de la liberté, l'industrie théâtrale est identique, quant à la taxe, aux autres industries dont le commerce *est libre* et qui pourtant sont soumises à un impôt indirect.

Le Mémoire cite, comme exemples, les industries :

Du sucre,

Du sel,

De la viande, etc., etc.

Leur commerce est libre ; celui du théâtre aussi, d'accord.

Mais payent-elles la taxe de la même façon ? Oui, dites-vous. — Nous prétendons que non.

On sait ce qui se passe dans les théâtres. Nous venons de signaler l'échelle mobile, arbitraire de la redevance des hospices.

Eh bien ! les commerces de la viande, du sucre, du sel, etc., procèdent-ils de la même façon ? Pas le moins du monde.

Le fisc perçoit un droit net et absolument déterminé sur ces diverses denrées. Quand le marchand a acquitté ce droit fixe, il est valablement libéré de toute redevance supplémentaire et proportionnelle à sa vente. Il peut chiffrer sa marchandise comme il l'entend, la détailler au prix qui lui convient. Le fisc n'a plus à s'occuper ni de la hausse ni de la baisse du tarif qu'il plaît au vendeur d'imposer à l'acheteur.

En est-il de même pour les prix des places dans les théâtres ? — C'est tout le contraire... D'où il résulte que le mémoire de l'assistance publique a choisi de mauvais arguments à l'appui de cette partie de sa discussion.

4° *Le produit de la redevance perçue dans les théâtres en faveur des hospices, est indispensable à l'assistance publique.*

L'assistance publique de Paris soigne, par année, 100,000 malades dans ses hôpitaux, plus de 60,000 à domicile ; elle entretient plus de 10,000 vieillards ou infirmes dans ses hospices ; enfin, elle vient en aide, par des secours à domicile, à 105,000 indigents.

En voyant ces chiffres, on se sent, au premier abord, un peu embarrassé pour réclamer le dégrèvement des deux millions environ que les théâtres de Paris fournissent à cette liste civile de l'aumône.

Mais ces deux millions peuvent-ils du moins suffire? Non; vous prenez soin de l'énoncer vous-même; l'Assistance publique vous coûte annuellement près de vingt-deux millions, tandis que vos ressources ne montent qu'à dix millions à peu près; d'où il résulte un déficit d'un peu plus de onze millions. Ce déficit, la ville de Paris est appelée à le combler, et elle le comble toujours.

Ainsi elle a l'art constant de parer à ce déficit de onze millions, et il lui serait radicalement impossible de pourvoir à une différence, en plus, de dix huit cent mille francs provenant de l'abandon de la taxe des théâtres! et cela, alors que la sécurité de cette industrie pourrait dépendre de cet abandon si important pour les théâtres, si minime relativement pour la ville de Paris! il nous semble que l'argument des chiffres peut ici être retourné contre l'Assistance publique qui l'invoque!

Il nous semble encore... mais pourquoi raisonner davantage? En fin de compte, la question s'élève au-dessus de la controverse, de l'interprétation des textes, du fort ou du faible des argumentations administratives. Elle devient *question de sentiment!*

Eh! mon Dieu, oui, *de sentiment*. L'Assistance publique peut nous railler, nous resterons convaincus que, pour le public, qui juge en dernier ressort, la question du *droit des pauvres* n'est plus autre chose.

Nos discussions le touchent peu et ne l'éclairent point. Ce qu'il comprend, *c'est qu'on prélève sur les théâtres libres une contribution forcée;*

C'est qu'au nom de la charité, on prend le plus souvent à des malheureux pour secourir d'autres malheureux!...

Il n'y a pas à sortir de là! Les meilleures raisons de l'Assistance publique n'y pourront rien.

Sa fiscalité, pour si légitime, si impérieuse qu'elle se puisse prétendre, semblera toujours une chose vexatoire, inique, odieuse!

Paris. — Typ. Morris père et fils, rue Amelot, 64.

Contraste insuffisant
NF Z 43-120-14

www.ingramcontent.com/pod-product-compliance
Lightning Source LLC
Chambersburg PA
CBHW060618050426
42451CB00012B/2310